Spetter

Bonzo
past op het huis

Leonie Kooiker
tekeningen van Gertie Jaquet

Bonzo mag niet mee

De man draagt een koffer.
De vrouw draagt een tas.
'Waf,' zegt Bonzo.
'Waf woef, gaan we uit?'
'Op je plaats,' zegt de man.
'In je mand,' zegt de vrouw.
'Dag Bonzo, pas goed op het huis.'

3

Klap; de deur valt dicht.
Dan is het stil.
Bonzo laat zijn kop hangen en zijn staart ook.
Ze gaan uit en hij mag niet mee.
Betje, de poes, mag ook niet mee.
Maar zij kan naar buiten; door het kattenluik.
Daar kan hij met zijn dikke kop niet door.
Bonzo is boos.
Hij duwt zijn bal in de hoek.
En hij schudt zijn kussen heen en weer.
Bonzo zou best wat kapot willen bijten.
Maar dat doet hij natuurlijk niet.
Bonzo is een nette hond.
'Ik ga een mus vangen,' zegt Betje.
'Bah,' zegt Bonzo, 'vieze pluizen in je bek.'
'Juist lekker,' zegt Betje.
'Knapper, de knapper, de knap.
En binnenin zit sap.'
Bonzo bromt.
Hij krabt aan de deur: hij wil eruit!
Maar er is niemand die hem helpt.

Dan hoort Bonzo het slot van de voordeur.
Zijn daar de man en de vrouw?
Komen ze eindelijk terug?
Nee, ze zijn het niet, het is Moniek.
Bonzo springt op, hij blaft hard.

O ja, Bonzo past goed op het huis.
Hij kent Moniek wel, ze woont naast hem.
'Ha Bonzo,' zegt Moniek, 'ga je mee?
Ga je mee uit?'
En ze pakt de riem.
Dat is wat nieuws: niet de man.
Ook niet de vrouw, maar Moniek.
Bonzo vindt het best leuk.
Maar dat valt tegen.
Hij heeft haast geen tijd om bij de paal te
snuffelen.
Moniek zegt telkens: 'Kom Bonzo, schiet op.'
En ze gaan veel te gauw weer naar huis.
Bonzo móet altijd tot bij de hoek.
Dom van Moniek, dat ze dat niet weet.

Thuis krijgt Bonzo nieuwe brokjes in zijn bak.
En Moniek vult zijn kom met schoon water.
Ze zorgt ook voor Betje.
Dan gaat ze weg: klap, de voordeur valt weer dicht.
Betje springt door haar luikje in de achterdeur.
Bonzo gaat mokkend zijn mand in.
Niemand praat tegen hem.
Geen mens gooit met de bal.
Hij is helemaal alleen.
Dat is nog nooit gebeurd.
Het bevalt hem niets.

Tom

De dag is al lang begonnen.
Betje is al uit geweest.
'Was je mus lekker?' vraagt Bonzo.
'Hij vloog weg,' zegt Betje.
Bonzo bromt.
Hij moet nodig naar de paal.
Waar zijn de man en de vrouw?
Waarom komt Moniek niet?
Betje gaat weer naar buiten.
Bonzo wurmt zijn neus door haar luikje.
Hij kan er niet door, maar hij móet.
Hij loopt van de achterdeur naar de voordeur.
En van de voordeur naar de achterdeur.
Wat nu?
Bonzo kijkt naar het keukenraam.
Er staat een stoel voor.
Hij springt op de stoel voor het raam.
Met zijn snuit duwt hij de knop opzij.
Dat heeft hij de vrouw vaak zien doen.
Het raam gaat open.
Bonzo springt.
Ziezo, nu is hij buiten; in de tuin.

Hij rent naar het hek:
want in de tuin plassen mag niet.

Het hek zit dicht, nou dat weer!
Dan maar er tegenaan.
Er zit niets anders op.
Bonzo rent terug naar de keukendeur.
'Waf! Laat me erin.'
Maar niemand doet de deur open.
En het raam is veel te hoog.
Eerst wacht hij een poosje.
Dan krabt hij met zijn poot.
Hij rammelt aan Betjes luikje.
Niets helpt, hij kan niet meer in huis.
Bonzo begint zacht te janken.

'Hond? Zeg hond, waarom huil je?'
Bonzo kijkt om, daar staat een mens.
Het is nog maar een kleintje: het is Tom.
Langzaam loopt Tom de tuin in.
'Wat is er, hond?
Wil je naar binnen?'
Tom bonst op de keukendeur.
'Ze zijn niet thuis, hè hond?'
Tom ziet het open raam.
Wacht, ik help je wel,' zegt hij.

Tom klimt door het raam.
Binnen schuift hij de grendel van de deur.
Dan gaan ze samen de keuken in.
Bonzo blaft.
Dat hoort, als er iemand in huis komt.
Maar daar is Tom niet bang voor.
Hij sluit het raam en aait Bonzo's kop.
Dan gaat hij weg.
Nu is de deur niet meer op slot.
Geeft niets, Bonzo past op het huis.

Tom en Rik

Bonzo blaft weer als Moniek komt.
'Ha, die Bonzo,' zegt ze.
'Je hebt toch wel goed opgepast?
Ik ben vandaag een beetje laat.
Kom maar vlug mee uit.'
Vlug, vlug: bij Moniek moet alles vlug.
Na tien minuten zijn ze al terug.
Bonzo vindt er niets aan.
Moniek zorgt voor de brokjes.
Maar ze kijkt niet naar de keukendeur.
Betje gaat naar de mussen.
Bonzo is weer alleen.
Hij verveelt zich.
Maar nu weet hij hoe hij naar buiten kan.
Bonzo springt op de stoel.
Hij duwt de knop van het raam opzij.
En weer springt hij naar buiten.
Daar scharrelt hij een poosje rond.
Hij graaft een kuil.
Hij krabt in het gras.

Niemand die zegt dat dat niet mag.
Zo, die kuil is diep genoeg.
Bonzo blaft bij de keukendeur.
'Maak eens open.'
Hij wacht.
De man komt niet, de vrouw komt niet.
Bonzo kijkt naar het hek.
Misschien komt Tom.
Maar Tom komt ook niet.
Deze keer duurt het heel lang.
Bonzo krabbelt, piept en jankt.
De deur blijft dicht.

'Hallo hond.'
Eindelijk, daar is Tom en hij heeft Rik bij zich.
'Hier is het,' zegt Tom.
'In dit huis woont alleen een hond.'
'Welnee,' zegt Rik, 'dat kan niet.
Een hond woont nooit alleen.
Die mensen zijn gewoon niet thuis.'
'Ze zijn nooit thuis,' zegt Tom.
'Ze laten dat beest maar janken.
Ze zijn niet lief voor jou, hè hond?'

Tom en Rik gaan samen naar binnen.
'Waf,' zegt Bonzo, 'waf waf!'
Blaffen moet, want hij past op het huis.
Maar Bonzo bijt natuurlijk niet.
Tom en Rik zijn vrienden.
'Hij heet Bonzo,' zegt Rik.
'Kijk, het staat op zijn bak.'

Tom loopt door de keuken naar de kamer.
'Niet doen,' zegt Rik.
'Straks komen die mensen thuis!'
'Nee hoor, Rik, ze zijn er nooit.
Kijk, daar staat de tv.
Denk je dat Spetter op de tv is?'
'Misschien,' zegt Rik.
Tom zet hem aan, maar Spetter is er niet.
Er is een tekenfilm; ook leuk.
Tom en Rik kijken samen naar de film.
Bonzo ligt op zijn kussen; hij kijkt ook.
Als de film afgelopen is, gaan de jongens weg.
'Dag hond,' zegt Rik.
En Tom zegt: 'Dag hond, tot morgen.'
Bonzo kwispelt met zijn staart.
Zo is het goed: kleine mensen in huis.
Een huis zonder mensen is niets.

Tom en Rik en Pim

De volgende dag plenst het van de regen.
Toch gaat Bonzo weer naar de tuin.
Dicht bij het hek doet hij zijn plas.
Dan rent hij terug naar de deur.
Hij wacht tot die opengaat.
Waar blijven Tom en Rik?
Bonzo snapt er niets van.
De vrouw was er altijd meteen.
Een klein blafje en ze liet hem erin.
Nu komt er niemand.
Alleen Betje steekt haar neus naar buiten.
'Wat zie jij er gek uit,' zegt Betje.
'Ben je lekker in bad geweest?
Ik blijf liever binnen, hoor.
Ik houd niet van regen.'
Bonzo bromt, hij houdt er ook niet van.
Het duurt lang, heel lang.
Bonzo lijkt wel een zeehond.

Dan gaat opeens het hekje: klik.
Tom en Rik hebben Pim bij zich.
'Och, arme hond, wat ben je nat.'
Bonzo duwt zijn neus tegen de deur.
Zo gauw die open is, stuift hij naar binnen.
Daar schudt hij zich flink uit.

De keuken zit onder de spatten.
Betje maakt dat ze wegkomt.
'Wil je het zien, het huis?' vraagt Tom.
'Dit is de kamer.
Hier kun je tv-kijken.
Kijk, dit is de mand van Bonzo.
En hij heeft ook een bal.
Kom Bonzo, pak hem dan!'
Tom gooit met de bal.
Bonzo rent hem na.
'Pas op!' roept Pim.
Te laat, er valt een bloempot om.

19

Rik zet de pot weer rechtop.
Tom veegt met zijn hand de aarde op.
Gelukkig, er is niets kapot.
De plant en de pot zijn nog heel.
Maar op de vloer ligt aarde.
'Laten we maar gauw weggaan,' zegt Pim.
'Als die mensen thuiskomen, zijn ze woedend.'
'Nou en,' zegt Tom.
'Wij hebben voor hun hond gezorgd.
Dat doen ze zelf niet eens.
Dag Bonzo, tot morgen.'
'Woef,' zegt Bonzo.
Hij schudt zich nog een keer.
Dan gaat hij liggen in zijn mand.
Hij slaapt tot hij de voordeur hoort.

Vuile voetstappen

'Waf, hallo Moniek.
Gaan we naar de paal?
Gaan we nou eens een keer tot de hoek?'
Bonzo springt op naar zijn riem.
Moniek staat stil.
Ze ziet vuile voetstappen en spatten op de muur.
Er is iemand binnen geweest.
Toch geen dieven?

Moniek loopt door het huis.
In de kamer staan de stoelen scheef.
Op de grond ligt modder en zand.
'Bonzo, wat is hier gebeurd?'
'Waf,' zegt Bonzo, 'Moniek, wat zeur je toch.
Ik pas heus wel goed op, hoor.
Maar nu moeten we naar de paal.
Komt er nog wat van?'
Moniek snapt het niet.
Er is niets weg.

Maar wie heeft die natte voetstappen gemaakt?
De ramen zijn dicht, de deuren zijn dicht.
Alles is toch op slot?
Eindelijk kijkt ze naar de achterdeur.
Wat raar.
Ze weet zeker dat die op slot was.

Moniek draait de sleutel om.
Ze schuift de grendel dicht.
Zo, nu kan er niemand meer in.
Ze veegt het vuil van de vloer.
Dan pas pakt ze Bonzo's riem.
Buiten trekt Bonzo Moniek mee naar zijn paal.
Bij de paal begint Moniek te trekken.
Maar Bonzo houdt zijn poten stijf.
'Wacht maar rustig, Moniek.
Totdat ik helemaal klaar ben.'

Tom en Rik en Pim en Sam

Bonzo graaft een diepe kuil in de tuin.
Hij weet best dat het niet mag.
Maar Betje maakt ook altijd kuiltjes.
Dan hoort hij het hekje: klik.
Ha fijn, daar is Tom.
Bonzo rent naar hem toe.
Leuk, Rik is er ook.
En het houdt niet op: klik, klik, klik.
Vandaag zijn Pim en Sam erbij.
Bonzo springt om de jongens heen.
Hij blaft hard.
Het is fijn dat ze er zijn.
Maar blaffen hoort er nu eenmaal bij.
Tom klimt door het raam naar binnen.
Dan maakt hij de deur open.
'Kom maar binnen,' zegt Tom.
'Dit is het huis van Bonzo.'
Rik gaat eerst, dan komt de rest.
Sam aarzelt.
Hij is een beetje bang voor die hond.
'Zoek, Bonzo,' zegt Rik, 'waar is je bal?'
Bonzo komt er al mee aan.
Rik gooit de bal naar Pim.
Pim gooit de bal naar Tom.
Bonzo springt heen en weer.

Hij is steeds te laat.
Hap, dan pakt hij de bal in de lucht.
En hij laat niet meer los.
Zo spelen ze een poos.
Deze keer valt er geen bloempot om.
'Gaan we nou weer?' vraagt Sam.
Hij vindt het maar eng, zo'n vreemd huis.
'Nee,' zegt Pim, 'Spetter is toch op de tv.'
'O ja, Spetter.'
Ze pakken de kussens van de bank.
Naast elkaar gaan ze op de grond zitten.
Bonzo zit tussen de jongens in.

Pim drukt op de knop.
Samen kijken ze naar Spetter, de dolfijn.
Bonzo vindt het mooi.
Spetter kan alles: hoog springen, hard zwemmen.
En hij doet moeilijke dingen met een bal.
Spetter is geweldig.

Ze blijven kijken tot het afgelopen is.

Pas als de kinderen weg zijn, komt Betje.

Ze snuffelt aan de kussens op de grond.

En ze geeft een mep tegen Bonzo's bal.

'Vreemd volk,' moppert Betje.

'Ze horen hier niet.'

'Goed volk,' zegt Bonzo.

'Jij moet op het huis passen, Bonzo; ik niet.'

'Dat doe ik toch.

Ik heb heel hard geblaft.

Maar een huis zonder mensen is niks.'

Dan komt Moniek de kamer in.

'Bonzo, wat heb je een rommel gemaakt.'

Moniek legt de kussens op hun plaats.

En ze schuift de bank recht.

Dan gaat ze naar de keuken.

Ze vult de bak en de kom.

De mat ligt scheef.

En... de keukendeur is weer van het slot.

Hoe kan dat nou?

Alle ramen zijn dicht.

Bonzo staat al bij de voordeur.

Hij springt op naar zijn riem.

Moniek begrijpt het zeker weer niet.

Dom, hoor.

Moniek loopt nog een keer door alle kamers.
Ze kijkt zelfs in de kasten.
Alles is in orde.
Ze sluit de achterdeur.
'Meer kan ik niet doen,' zegt Moniek.
Ze hoopt dat de buren gauw thuiskomen.
'Bonzo, je past toch wel goed op het huis?'
vraagt ze.
Bonzo bromt.
Als er één goed oppast, is hij het.
Nu zijn vrienden komen, is het huis niet meer leeg.
Daar heeft hij toch maar mooi voor gezorgd.

Spetter

Bonzo rekt zich uit.
Kom, hij zal eens naar buiten gaan.
Hij wipt op de stoel en uit het raam.
Dat kan hij nu al heel vlug.
Hij gaat naar de schutting.
Daar scharrelt hij wat rond.
Dan geeft hij een blaf bij de keukendeur.
Dat is hij nu eenmaal gewend.
Eerst wacht hij een poosje.
Maar dan gaat hij naar het hek.
Komen ze al; waar blijven ze nou?
'Hallo Bonzo,' zegt Tom.
Bonzo springt omhoog van plezier.

'We komen weer tv-kijken.
Vind je dat goed?'
Prachtig vindt Bonzo het.
Eerst komen Tom en Rik, dan Sam en Pim.
En nu zijn er ook twee meisjes bij: Janna en Fleur.
Achter elkaar gaan ze de keuken door.
'Ha Bonzo, we hebben wat lekkers voor je.'

Bonzo blaft: het wordt steeds leuker.
Betje kijkt van bovenaan de trap toe.
Van haar hoeft dat allemaal niet.
Pim zet de tv aan; Spetter komt weer!
Ze gaan op een rij zitten kijken.
Fleur heeft koekjes bij zich.
Bonzo zit tussen Tom en haar in.
Hij heeft het nog nooit zo fijn gehad.
Spetter kan een beetje lezen.
In zijn bad drijven allemaal letters.
Met zijn snuit duwt hij tegen de letters.
En dan komt er een woord.
'Dat is nep,' zegt Pim.
'Niet waar,' zegt Sam.
'Hij kan het echt.
Dolfijnen zijn heel slim.'
'Stil nou,' roept Janna.
'Laten we opbellen, dat mag.
Wij laten Spetter een woord maken.
Dan weet je of het nep is of niet.'
'Jep,' zegt Sam.
'Dat doen we!'
Sam pakt de telefoon en toetst het nummer in.
'Welk woord zullen we geven?'
'Bonzo.'

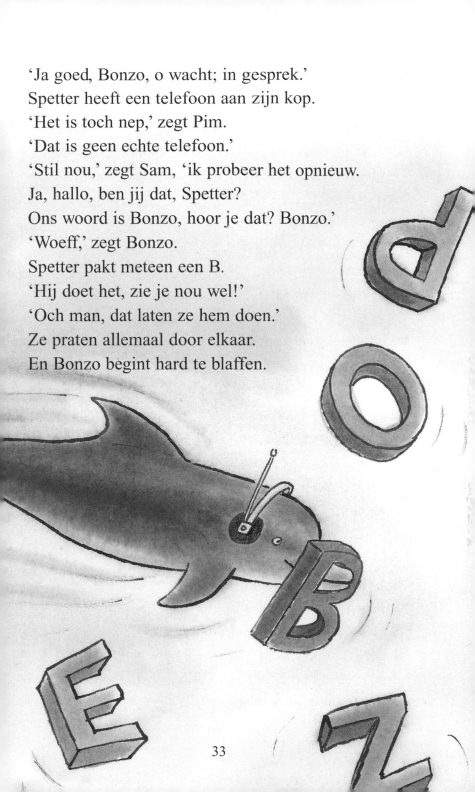

'Ja goed, Bonzo, o wacht; in gesprek.'
Spetter heeft een telefoon aan zijn kop.
'Het is toch nep,' zegt Pim.
'Dat is geen echte telefoon.'
'Stil nou,' zegt Sam, 'ik probeer het opnieuw.
Ja, hallo, ben jij dat, Spetter?
Ons woord is Bonzo, hoor je dat? Bonzo.'
'Woeff,' zegt Bonzo.
Spetter pakt meteen een B.
'Hij doet het, zie je nou wel!'
'Och man, dat laten ze hem doen.'
Ze praten allemaal door elkaar.
En Bonzo begint hard te blaffen.

De man en de vrouw

Maar opeens is Bonzo stil.
Tussen het lawaai was een ander geluid.
Een bekend geluid bij de deur.
Daar zijn de man en de vrouw!
Bonzo vliegt erheen; hij blaft en springt.
Hij likt de man en hij zoent de vrouw.
'Goeie beste Bonzo, ja, daar zijn we weer.
Heb je goed opgepast?'
'Nou en of,' zegt Bonzo: 'hoor maar eens.'
Er klinkt gejuich uit de kamer.
De man rent erheen.
Daar zitten zes kinderen op de grond.
De tv staat aan.
Op het scherm danst een dolfijn.
Er staat met grote letters: BONZO.
De kinderen joelen en Bonzo springt heen en weer.
De man en de vrouw zijn stomverbaasd.
Dan vraagt de man:
'Wie zijn jullie?
Hoe komen jullie hier?'
Pim geeft Tom een duw.
'Hij heeft ons hier gebracht.'
'Ik niet, Bonzo,' zegt Tom.
'Bonzo stond elke dag te janken bij de deur.
Hij was heel zielig en nat.

Nou, en toen liet ik hem erin.
Die hond moest uren in de regen staan.
Jullie zorgen niet goed voor hem.'
Tom is boos, maar de man is ook boos.
'Dat kan toch niet,' zegt hij.

'Geen manier van doen:
tv-kijken in het huis van een ander.
Zijn jullie gek?'
Dan zegt de vrouw:
'Er is toch niets ergs gebeurd?
Maar hoe kwamen jullie eigenlijk binnen?
Hoe heet jij? Tom?
Was de deur niet op slot?'
'Jawel,' zegt Tom.
'Maar die heb ik opengedaan.
En het raam deed ik dicht.
Anders hadden de dieven erin gekund.
Jullie mogen best blij zijn dat ik er was.'
'Woef waf,' doet Bonzo, 'zo is het.
Heb ik niet goed opgepast?
Een huis vol mensen, zo hoort het.'

De volgende dag springt Bonzo weer op de stoel.
En weer gaat hij de tuin in.
Zo heeft hij niemand nodig.
Maar nu is de vrouw weer thuis.
Toch blaft Bonzo niet bij de deur.
Hij wacht bij het hek.
Komt Tom er nog niet aan?
Ja hoor, daar zijn ze: Tom en Rik.
'Mogen we tv-kijken?'
'Hebben jullie thuis geen tv?' vraagt de vrouw.

'Jawel, maar Spetter komt zo.
En Bonzo wil Spetter ook graag zien.'
'Goed,' zegt de vrouw, 'kom maar kijken.'

Daar zitten ze weer op de grond.
Tom en Rik met Bonzo tussen zich in.
Deze keer kijkt Betje ook mee.
Ze zit op de leuning van de bank.
'Niks aan,' vindt Betje.
'Nee hè,' zegt Bonzo, 'je bent jaloers.
Omdat Spetter zo goed is.
Jij kunt niet eens een mus vangen.'

37

In Spetter 4 zijn verschenen:

Serie 1

Bies van Ede: Klaar Rover
Leonie Kooiker: Bonzo past op het huis
Hans Kuyper: Ragna en de Bergman
Martine Letterie: De leeuw is los!
Els Rooijers: Ruilen met de heks
Peter Smit: Avontuur in de nacht
Tais Teng: De prins van Kwaakland
Dolf Verroen: Een spetter op de spiegel

Serie 2

Arno Bohlmeijer: Help mij!
Margriet Heymans: Dora, of de tante van de trollen
Vivian den Hollander: Spekkie en Sproet en de gestolen auto
Anton van der Kolk: De dag dat er niets bijzonders gebeurde
Elle van Lieshout en Erik van Os: O, mijn lieve, lieve Lien
Nanda Roep: Het monsterfeest
Nicolette Smabers: De brief van oom Nejus
Anke de Vries: Kijk naar de kat!

Spetter is er ook voor kinderen van 6 en 8 jaar.

STICHTING NEDERLANDSE
KINDERJURY
1999

Boeken met dit vignet zijn op niveaubepaling geregistreerd en ge-
controleerd door KPC Onderwijs Adviseurs te 's-Hertogenbosch.

10 / 07 06

ISBN 90.276.3978.7 • NUGI 220

Vormgeving: Rob Galema (studio Zwijsen)
Logo Spetter en schutbladen: Joyce van Oorschot

© 1998 Tekst: Leonie Kooiker
Illustraties: Gertie Jaquet
Uitgeverij Zwijsen Algemeen B.V. Tilburg

Voor België:
Uitgeverij Infoboek N.V. Meerhout
D/1998/1919/212